ALPHABET

ET

Premiers Exercices

GRADUÉS

DE LECTURE.

METZ,

IMPRIMERIE DE ROUSSEAU-PALLEZ,

IMPRIMEUR DE MONSEIGNEUR L'ÉVÊQUE,

Libraire, rue des Clercs, 14.

1862.

ALPHABET

ET

PREMIERS EXERCICES

GRADUÉS

DE LECTURE,

RÉDIGÉS SUR LES PRINCIPES GÉNÉRAUX

DE LA LECTURE,

A L'USAGE DES ÉCOLES DES SOEURS DE SAINTE-CHRÉTIENNE.

METZ,

DE L'IMPRIMERIE DE ROUSSEAU-PALLEZ,

IMPRIMEUR DE MONSEIGNEUR L'ÉVÊQUE,

Libraire-Editeur, rue des Clercs, 14.

1862.

Ire LEÇON.

✠ A B C D E F G H
I J K L M N O P Q
R S T U V X Y Z.

* BR, CG, QO, EF, IJ.

a b c d e f g h i j k l
m n o p q r s t u v x
y z.

* bd, ceo, flt, mnu.

VOYELLES.

A E I O U Y. a e i o u y.

* Remarquez la différence des lettres rapprochées.

IIe LEÇON.

Aa Bb Cc Dd Ee Ff Gg Hh Ii Jj Kk Ll Mm Nn Oo Pp Qq Rr Ss Tt Uu Vv Xx Yy Zz.

b g *a l h* d m *e* s p q *n* r k *j*
f y o *x* l e v *n* p d ṡ *h* t u a
z j *b* r c o g m u v i *l t* z
q p *y n* g h z c r x ȯ ṁ d
s b t *a* z ʃ *i t* q *h k* m e s
v *u* g l *b* p s *j* d i r c n o a
f y x v.

LETTRES DOUBLES.

ï ü æ œ w ç fi ffi fl ffl.

1*

IIIᵉ LEÇON.

Accent aigu (´); accent grave (`), accent circonflexe (^).

a	e	é	è	ê	i	o	u
Ba	be	bé	bè	bê	bi	bo	bu
¹Ca	ce	cé	cè	cê	ci	co	cu
Da	de	dé	dè	dê	di	do	du
Fa	fe	fé	fè	fê	fi	fo	fu
²Ga	ge	gé	gè	gê	gi	go	gu
³Ha	he	hé	hè	hê	hi	ho	hu
Ja	je	jé	jè	jê	ji	jo	ju

¹ C devant *a, o, u,* se prononce dur comme k : *ca, co, cu* se lisent comme s'il y avait *ka, ko, ku.*

C devant *e, i,* s'adoucit et se prononce comme s : *ce, ci,* prononcez comme s'il y avait *se, si.*

² G devant *a, o, u,* se prononce dur ; *ga, go, gu,* se prononcent *gua, guo, guu,* mais sans faire entendre l'*u.*

G devant *e, i,* s'adoucit et se prononce comme j : *ge, gi,* se lisent comme s'il y avait *je, ji.*

³ Voyez l'articulation de *h* à la leçon 13ᵉ.

IVᵉ LEÇON.

Ka	ke	ké	kè	kê	ki	ko	ku
La	le	lé	lè	lê	li	lo	lu
M	me	mé	mè	mê	mi	mo	mu
Na	ne	né	nè	nê	ni	no	nu
Pa	pe	pé	pè	pê	pi	po	pu
*Qua	que	qué	què	quê	qui	quo	qu
Ra	re	ré	rè	rê	ri	ro	ru
Sa	se	sé	sè	sê	si	so	su
Ta	te	té	tè	tê	ti	to	tu
Va	ve	vé	vè	vê	vi	vo	vu
Xa	xe	xé	xè	xê	xi	xo	xu

Apostrophe (').

Signes de Ponctuation.

Virgule	(,)
Point et virgule	(;)
Deux points	(:)
Point	(.)
Point interrogatif	(?)
Point exclamatif	(!)

*Q prend *u* devant la voyelle et se prononce ordinairement comme *k*. *Qua, que, qui*, etc. *ka, ke, ki*, etc.

Vᵉ LEÇON.

O-de, po-li, da me, a mi, ri-ve, pè-re, Ro-me, u ni, pu-re, no-tè, la me, bé ni, mi-di, bu-re, li-me, lo-to, ri me, mè-re, fi-ni, vi de, da te, va lu, le-vé, ro-be, pa ri, la-vé, te-nu, ri de, fê-te, ra-vi, du-pe, vi-le, me nu, fa de, sè-ve, lu ne, fi ne, mu-ni, ra-de, li-re, é-mu, no-ta, di-re, pu-ni, ra re, pi-re, tê-te, jo-li, ra-ve, tu-be, sa pe, ju ri, zè-le, mu-le, pa-ru, pi que.

VIe LEÇON.

Pa-ro-le, o li-ve, do-ru-re, ba di ne, sa la de, fi dè le, i do le, vo-lu-me, a-ra-be, di-vi ne, a-to-me, sa-li-ne, ra-pi-de, o-va-le, fa-mi-ne, ti mi de, mê-me, ma-la-de, o-bo le, li-mi-te, na tu re, a-va re, re mè de, so-no-re, tu-ni que, u-ti le, mo-bi le, va-li de, vé-ri té; a-vi-de, fa-ta-le, a bo-li, ra pi-ne, so-li de, dé bâ-té, na-vi-re, pe-ti-te, mo-di-que, u-ni que, ma-xi-me, é-lè-ve, fa-vo-ri-te.

VIIe LEÇON.

Exercice particulier sur la prononciation du C.

Ra-ci-ne, vo-ra-ce, ma-li-ce, ci-té, vo-ca-le, fa-ce, lu-ci-de, cé-le-ri, me-na-ce, cé-ci-té, fa-ci-le, a-va-ri-ce, co-mi-té, ri-di-cu-le, ca-ba-ne, cô-té, ra-pa-ce, co-li-que, ci-re, co-lè-re, pa-ci-fi-que, ca-ma-ra-de, ci-vi-le, dé-co-ré, ca-no-ni-que, ca-pu-ci-ne, a-ca-ci-a, dé-ci-me, vi-va-ce, la-co-ni-que, ca-ri-ca-tu-re, co-mè-te, co-ra-li-ne, cu-ru-le.

VIIIe LEÇON.

Exercice particulier sur la prononciation du G.

I-ma-ge, re-fu-ge, lé-gè-re-té, vo-la-ge, ri-gi-de, gâ-té, nu a-ge, pa-ge, lo-ge, é-ga-ré, vi-gi-le, ci-ra-ge, mé-gè-re, pa-go-de, ma-gi-que, mé-na-gè-re, a-gi-le, o-ra-ge, ti-ge, gê-né, a-pa-na-ge, lo-gi-que, dé-ga-gé, ju-ge, ri-va-ge, to-ge, ré-gu-la-ri-té, ta-pa-ge, ri-go-le, a-ga-te, lé-gu-me, bo-ca-ge, o-ri-gi-ne, gé-né-ro-si-té, ci-ga-le, ca-ge.

IXe LEÇON.

Différentes sortes d'E
e muet, é fermé, è ouvert.
Voyelles longues.

â ê* î ô û

Mé-ri-te, bâ-ti, va-ni-té, bê-lé, é-bè-ne, dî-né, vi-pè-re, rô-ti, a-mè-re, sû-re, dé-pè-ce, pâ-li, cè-ne, quê-té, po-è-te, dî-me, fé-li-ci-té, mû-re, dé-pé-ri, ra-pé, ré-pè-te, a-rè-te, Ge-nè-ve, gî-te, mo-dè-le, cô-te, Ti-bè-re, mû-ri.

L'accent circonflexe placé sur l'e le rend non seulement long, mais lui donne encore le son de l'è ouvert.

Xe LEÇON.

Exercices sur les leçons précédentes.

La pa-ro-le du sa-ge se-ra u-ti-le. A-na-to-le se-ra fé-li-ci-té de sa do-ci-li-té. E-mi-le a mé-ri-té u-ne i-ma-ge de sa mè-re. Le ma-la-de a é-té do-ci-le, le re-mè-de a o-pé-ré. Sé-ve-ri-ne di-ra la vé-ri-té. A-dè-le a de la fa-ci-li-té. Cé-li-ne a é-té do-ci-le. La pe-ti-te Lu-ci-le a é-té sa-ge. Ma-xi-me a é-té vo-la-ge, sa mè-re le pu-ni-ra de sa lé-gè-re-té.

XIe LEÇON.

Al, el*, il, ol, ul.
Bal, bel, bil, bol, bul.
Cal, cel, cil, col, cul.
Gal, gel, gil, gol, gul.

A-ni-mal, ca-pi-tal, re-bel-le, a-mi-cal, ci-vil, na-tu-rel-le, fa-tal, ma-té-ri-el, tu-mul-te, mo-ral, ci-ta-del-le, ré-vol-te, fe-mel-le, col-za, gé-né-ral, fa-cul-té, bo-cal, col-li-ne, sol, na-tal, sé-pul-tu-re, mul-ti-tu-de.

* En général quand l'*e* muet est suivi d'une consonne avec laquelle l'*e* s'articule il prend le son de l'*é* ouvert

XIIe LEÇON.

Ar, er, ir, or, ur.
Bar, ber, bir, bor, bur.
Car, cer, cir, cor, cur.
Gar, ger, gir, gor, gur.

Lar-me, ser-vi-ce, re-ve-nir, for-tu-ne, mur-mu-re, bar-ba-re, fer-me, ver-tu, por-te, ser-vi-tu-de, gé-mir, li-ber-té, par-ta-ge, di-ver-si-té, a-ver-tir, mor-tel-le, pa-ter-nel, gar-dé, sa-cer-do-ce, jar-di-na-ge, sur-na-tu-rel-le, car-di-nal, ver-sé, su-per-be, bor-du-re, ur-ne.

XIIIe LEÇON.

h muet, *h* aspiré.

h muet ne change rien à la prononciation de la voyelle qui suit.

h aspiré fait prononcer du gosier la voyelle suivante.

Hu-mi-de, *h*a-ra-me, ha-bi-le, her-be, ho-mi-ci-de, *h*a-la-ge, hi-la-ri-té, *h*ar-pe, ha-bi-tu-de, *h*ar-ce-lé, ho-no-re, *h*u-re, hé-ré-ti-que, *h*â-le, ha-bi-te-ra, *h*er-sa-ge, ho-no-ri-fi-que, *h*â-ti-ve-té, hé-ri-ta-ge, *h*ar-di, hu-mi-li-té, *h*â-te, ha-bi-le-té, *h*al-le, har-mo-ni-que, *h*er-pé-ti-que, hé-té-ro-gè-ne *h*al-te.

XIVe LEÇON.

Cha, che, chi, cho, chu.

Ri-che, po-che, fi-chu, mê-che, ru-che, bû-che, lâ-che, é-chu, ro-che, ta-che, ca-ché, bê-che, chu-te, re-lâ-ché, re chu-te, ma-chi-ne, a-che té, dé pê che, ra-cho-té, cha ra-de, chi-mé-ri-que, cha pe-lu-re, cho-pi-ne, ché-ri, che-ve-lu-re, cha-pe, chi-mi-que, chi-ca-ne, ché-ti-ve, ha che, chê-ne, chô-ma-ge, ha-chu-re, cha ri-té, che-val, re-cher-che.

XVᵉ LEÇON.

E précédé d'une voyelle à la fin d'un mot ne se prononce point; mais on doit appuyer sur la voyelle qui précède.

A-mie, ma-la-die, é-mue, fi-gu-rée, po-te-rie, ma-rée, jo-lie, a-ni-mée, re-ve-nue, ché-rie, é-le-vée, du-pe-rie, é-ga-rée, mé-lo-die, mé-ri-tée, rê-ve-rie, dé-co-rée, a-ca-dé-mie, pa-ro-die, fo-lie, re-te-nue, a-po-lo-gie, lo-te-rie, re-vue, mé-na-gée, ca-té-go-rie, pa-rée, gé-né-a-lo-gie, zi-za-nie, é-per-due, har-mo-nie, ar-mée.

XVIᵉ LEÇON.

Exercices sur l'apostrophe (').

L'a-to me, l'u ti-le, l'i ma-ge, l'a-va ri ce, l'â-ge, l'o-ri-gi-ne, l'é co le, l'o ra ge, l'î-le, l'é-bè-ne, l'â-me, l'i-do-le, l'é cu, l'é gi de, l'hé-ré-sie, l'o-bo-le, l'é ta-ge, l'a bî me, l'u sa ge, l'ar me, l'a-ca-dé-mie, l'ar-mée, l'a-na-lo-gie, l'a-ma-bi-li-té, l'é-tu-de, l'i-dée, l'é-ga-li-té, l'ha bi-tu-de, l'é-ner-gie, l'a-ni-mal, l'u ti li té, l'hu-mi-di-té, l'a-mi, l'é cu-me.

XVIIᵉ LEÇON.

Exercices sur les leçons précédentes.

Ho-no-re la ver-tu, é-vi-te le mal, le ciel te bé-ni-ra. La vie fu-tu-re se-ra le par-ta-ge de l'â-me fi-dè-le. Cha-que pa-ro-le i-nu-ti-le se-ra ju-gée par le ju ge é-ter-nel. Re-cher-che la ra-ci-ne du mal, le re-mè-de se ra fa-ci-le. La lâ-che-té é-ner-ve le gé-nie et a-mè-ne la ma-la-die. La cha-ri-té du sa-ge a-ver-ti-ra l'a-mi é-ga-ré.

XVIIIe LEÇON.

Voyelles précédées de deux consonnes.

Bla, ble, bli, blo, blu.
Cla, cle, cli, clo, clu.
Fla, fle, fli, flo, flu.
Gla, gle, gli, glo, glu.
Pla, ple, pli, plo, plu.

A-do-ra ble, é-ta-bli, pé-ni ble, fa vo-ra-ble, dé-ré-glé, no-ble, ca-pa-ble, dé-bâ cle, rè gle, o ra cle, du-pli-ci té, ré-cla-mé, dé cu-ple, é-cla-té, ré-pli-que, dé-cla-ré, di plô-me, pla-ta-ne, gla-ce, flû te, glo bu-le, flo-re, pla-ce, gla-né.

XIXe LEÇON.

Bra, bre, bri, bro, bru.
Cra, cre, cri, cro, cru.
Fra, fre, fri, fro, fru.
Gra, gre, gri, gro, gru.
Pra, pre, pri, pro, pru.

Li vre, su-cre, a-pô-tre, ca-da-vre, é-cri-tu-re, a-gré-a-ble, ca-pri-ce, sa-cri-lè-ge, dé-gra-dé, fra-gi-le, tri-bu-ne, pro-me-na-de, fré-ga-te, pra-ti-que, fri-vo-le, gra-vu-re, bre-tel-le, pro-hi-bé, pra-ti-ca-ble, fra-ter-nel, plâ-tre, pro-pre-té, pri-vi-lè-ge, pro-blè-me.

XXe LEÇON.

Consonnes nulles à la fin d'un mot.

Pa-ra dis, re-pos, dé-bat, pe-tit, sa-lut, ta-pis, a-bus, dé-lit, sé-nat, re-mis, dé-but, re-pas, a-vis, re-fus, a-mas, de-vis, é-tat, su-bit, da-mas, ris, dé-vot, o-mis, ré-cit, sab-bat, dé-li-cat, ha-bit, cé-li-bat, fo-rêt, ca-li-cot, lé-gat, dé-pôt, pré-dit, fri-mas, re-pris, co-lo-ris, a-vo-cat, dé-bris, pré-cis, pro-mis, tré-pas, hé-ros, cré-dit, flot, re-quis.

XXI.e LEÇON.

La lettre *s* est nulle à la fin des noms et adjectifs pluriels.

Pa-ro-les, chi-mé-ri-ques, â-gés, mê-ches, é-co-les, zé-lés, i-ma-ges, ri-ches, a-mis, é-co-no-mes, vil-les, pe-ti-tes, ver-tus, u-ti-les, col-li-nes, é-po-ques, fu-tu-res, ca-na-ris, do-ci-les, i-do-les, pro-me-na-des, vo-la-ges, flè-ches, ché-ti-ves, fa-cul-tés, sé-pul-tu-res, gâ-tés, li-ber-tés, fi-dè-les, cô-tés, ha-bi-tu-des, pri-è-res.

XXII.e LEÇON.

Ph se prononce comme f.

Pha, phe, phi, pho, phu.

Té-lé gra-phe, é-pi-ta-phe, mé ta-pho-re, so-pha, pa-ra-gra-phe, pro-phè-te, é-phé-mè-re, né-o-phi-te, Phi-lo-mè-ne, pa-ra-phe, gé-o-gra-phi-que, al-pha-bé-ti-que, or-phe-li-ne, phé-no-mè-ne, é-pi-gra-phe, sa-phir, al pha, pha-lè-ne, pho-to-mè-tre, phil-tre, pho-que, so-pho-re, So-phie, o-lo-gra phe, pro-phé-ti-que, Sé-ra-phi-ne.

XXIIIe LEÇON.

Courtes prières en forme d'exercices sur les leçons précédentes.

Adorable Trinité, je *vous* bénis.

Père éternel, je vous adore.

Jésus, *délivrez-nous* du mal;

Esprit-saint, rendez-nous dociles;

Que j'*écoute* la parole divine;

Que j'évite la vanité, la colère et *tout* vice.

Que je recherche la vertu, la piété.

Que j'arrive au repos et à la félicité du Paradis.

Marie, mère de *Dieu*, vous êtes notre refuge: *intéressez-vous* à notre salut éternel.

Vu, permis d'imprimer.
Metz, le 1er octobre 1840.
L. MASSON, V^{re}.-général.

www.ingramcontent.com/pod-product-compliance
Lightning Source LLC
Chambersburg PA
CBHW060928050426
42453CB00010B/1895